AF502186

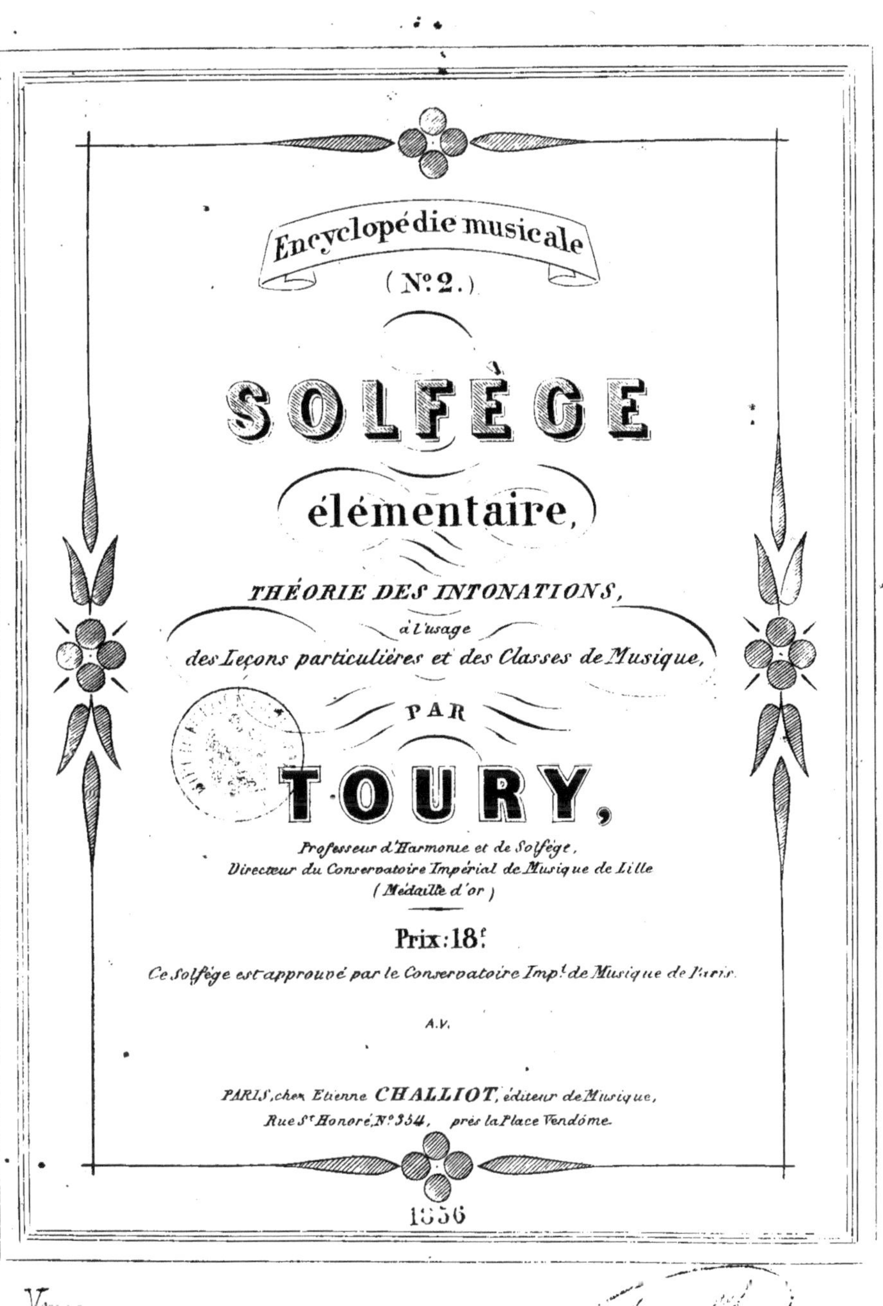

Encyclopédie musicale

(N°. 2.)

SOLFÈGE

élémentaire,

THÉORIE DES INTONATIONS,

à l'usage

des Leçons particulières et des Classes de Musique,

PAR

TOURY,

Professeur d'Harmonie et de Solfége,

Directeur du Conservatoire Impérial de Musique de Lille

(Médaille d'or)

Prix : 18f.

Ce Solfége est approuvé par le Conservatoire Impl. de Musique de Paris.

A.V.

PARIS, chez Etienne CHALLIOT, éditeur de Musique,

Rue St Honoré, N°. 354, près la Place Vendôme.

1856

EXTRAIT DES MÉMOIRES

DE L'ACADÉMIE DES SCIENCES, ARTS ET BELLES-LETTRES DE

DIJON.

Séance publique du Mardi 7 août 1838.

Un homme habile s'est imaginé qu'il pourrait se faire entendre à ces classes ignorantes, qu'il pourrait les initier aux secrets de l'harmonie, qu'il saurait les y intéresser et la rendre assez puissante chez eux pour les enlever à de vicieuses habitudes, pour leur faire préferer la leçon aux plaisirs les plus grossiers; et bercé de cette idée, plein de l'amour de son art et du désir de le répandre, il est venu dans cette ville, isolé, sans protecteurs, sans encouragements aucuns, réaliser cette belle résolution. Il s'est adressé à quelques ouvriers, il a su se faire entendre d'eux, il leur a demandé quelques moments, une heure seulement, prise hors du temps de leur travail dérobée à leurs distractions du soir, et il s'est mis généreusement à l'œuvre. Le succès a surabondamment répondu aux prévisions du maitre. L'Ecole est devenue nombreuse et les progrès rapides.

Vos Commissaires, Messieurs, vous ont entretenus de l'impression faite sur eux par ces soirées où règnent une décence et un ordre admirables, des progrès surprenants de ces élèves avides d'apprendre, et de la satisfaction avec laquelle ils les ont entendus exécuter les thêmes difficiles qu'ils leur ont été donnés, et aborder avec facilité, justesse et ensemble des intonations que des personnes initiées depuis plusieurs années dans cet art n'attaqueraient pas avec plus d'habileté et de précision.

Vous avez vu, Messieurs, dans cet enseignement, un grave évènement, une innovation qui pouvait avoir les plus heureuses conséquences et qui devait servir puissamment à la moralisation des classes inférieures; et, vous ressouvenant de votre mission, vous avez vu là un encouragement à donner, un homme digne de vos suffrages à signaler à l'estime et à l'intérêt de vos concitoyens, heureux d'être les premiers à rendre un digne hommage à son noble désintéressement.

Vous avez donc résolu à l'unanimité d'accorder, à titre d'encouragement, une Médaille d'or à Mr le Professeur TOURY, et, en la lui offrant, vous la lui donnez comme une preuve du vif désir que vous éprouvez qu'il achève l'œuvre qu'il a si bien commencée, et moralise nos nombreux ouvriers par les attraits et l'habileté de son enseignement.

Nous invitons Mr le Professeur TOURY à venir recevoir des mains de Mr le Président la Médaille d'or que l'Académie lui a décernée. — Extrait du rapport fait par Mr PINGEON Secrétaire de l'Académie.

APPROBATION.

Le Comité des Etudes du Conservatoire Impérial de Musique a examiné avec intérêt les ouvrages de M. TOURY, intitulés: **SOLFÉGE ÉLÉMENTAIRE** et **TRAITE RATIONNEL DU SOLFÉGE**, qui font suite au **SOLFÉGE DES ENFANTS**.

Ces différents ouvrages ont paru réunir à une extrême clarté dans le texte, un choix d'Exemples faciles et gradués avec soin, et démontrent qu'une longue pratique de l'Enseignement a guidé M. TOURY dans la composition de ces Méthodes qui seront employées avec succès.

Paris le 8 novembre, 1854.

AUBER, *Directeur du Conservatoire, Président du Comité.*
F. HALÉVY.
AMBROISE THOMAS.
A. LEBORNE.
D. ALARD.
BATTON.
L. MASSART.
EDOUARD MONNAIS, *Commissaire Impérial.*
ALF: de BEAUCHESNE *Secrétaire.*

APPROBATION.

Les trois ouvrages de Musique Elémentaire de M. TOURY, intitulés: **SOLFÉGE DES ENFANTS**, **SOLFÉGE ÉLÉMENTAIRE**, et **TRAITÉ RATIONNEL DU SOLFÉGE**, m'ont paru parfaitement appropriés au but que l'auteur s'est proposé, et je crois que leur emploi pourra être très utile aux professeurs qui les adopteront pour l'Enseignement.

Paris le 15 mars, 1855.

L.[s] NIEDERMEYER.

PRÉFACE

Cette Méthode élémentaire est écrite pour les personnes qui désirent connaître les notions de lecture musicale nécessaires à l'étude de la musique instrumentale.

Elle est aussi destinée aux personnes qui craindraient d'entreprendre de prime abord l'étude sérieuse du Solfége et de la Théorie musicale, avant d'avoir préalablement acquis quelques connaissances élémentaires.

Cet ouvrage n'est donc pas sans importance, puisque, dans les deux cas, il est destiné à applanir les difficultés de l'étude.

L'expérience m'a démontré que l'Etude complète des intervalles disjoints est impossible d'après les moyens ordinaires; on ne trouvera donc pas, dans ce Solfége, d'études sur les intervalles proprement dits; mais on y verra que cette étude est remplacée par l'*harmonie de la gamme de chaque ton*. Dans ces exercices, au moins, les intervalles ont un sens, puisqu'ils sont placés d'après la règle des consonnances.

On devra donc s'attacher à bien étudier chaque gamme pour bien comprendre les degrés conjoints de chaque ton; et pour en bien comprendre les degrés disjoints, on devra bien apprendre les études sur l'harmonie de chaque gamme. On me saura gré, sans doute, de n'avoir pris de la théorie musicale que la partie indispensable à la matière contenue dans la présente méthode.

On comprendra aussi que j'ai dû la restreindre à l'Etude des tons les plus usités. En effet, je ne pouvais faire autrement sans mentir au titre de l'ouvrage.

On n'oubliera pas que le but principal de mon enseignement est d'amener l'élève à prendre *seul* toutes les intonations; c'est pourquoi, tous les premiers exercices sont écrits sans accompagnements.

Je crois inutile de démontrer ici l'importance des *Epellations* que j'ai placées dans les exercices, je m'en rapporte, à cet égard, à l'appréciation de M.M.rs les Professeurs.

TOURY.

SOLFÉGE ÉLÉMENTAIRE.

DE LA MUSIQUE.

La Musique est l'art de combiner les sons; on la divise en deux parties: **LA MÉLODIE** et **L'HARMONIE.**

On appelle Mélodie un chant avec ou sans accompagnement.

L'harmonie est la succession des accords.

On représente les *Sons* par des signes de conventions que l'on nomme **NOTES.**

Ces *Notes* se placent sur cinq lignes transversales et dans les interlignes.

La réunion de ces cinq lignes, qui se comptent de bas en haut, se nomme **PORTÉE,**

EXEMPLE:

PORTÉE. 1 2 3 4 5

Comme ces cinq lignes ne suffisent pas à l'étendue de la voix et des instruments, on ajoute des lignes *additionnelles* ou *supplémentaires* au dessus et au dessous de la portée,

EXEMPLE:

Il y a sept notes dans la musique. On les nomme: **DO, RÉ, MI, FA, SOL, LA, SI.**

DES CLEFS.

On nomme *Clef*, un signe qui, placé au commencement de la portée, donne son nom à la note qui se trouve sur la même ligne que lui.

On emploie trois sortes de Clefs, savoir: la clef de *Sol*, la clef de *Do*, et la clef de *Fa*.

La clef de *Sol* se place sur la **2me** ligne, celle de *Do* sur la **1re** la **2me** la **3me** et la **4me** ligne, et celle de *Fa* sur la **3me** et la **4me** ligne.

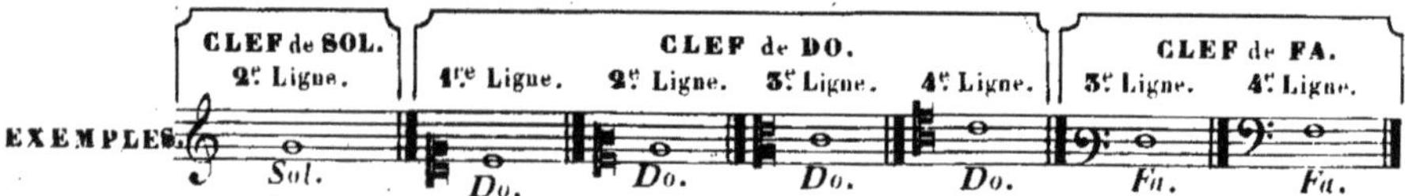

Il est facile de reconnaitre la position d'une Clef, si l'on observe que: **1°** la clef de *Sol* est

toujours placée sur la deuxième ligne, sa position sur la première ligne n'étant plus usitée; **2°** que la ligne sur laquelle se trouve la clef de *Do* est toujours entre les deux branches de cette clef, de même qu'elle est entre les deux points pour la clef de *Fa*.

DE LA GAMME.

Bien qu'il n'y ait que sept notes dans la musique, on est obligé d'en ajouter une huitième, qui est la répétition de la première, pour compléter l'échelle musicale que l'on nomme **GAMME**.

La première note de la gamme étant la seule qui offre à l'oreille un sens complet, toutes les autres étant plus ou moins suspensives, on ne pourrait terminer cette gamme en montant si le premier degré n'était pas répété, ou il faudrait qu'après avoir parcouru les sept premiers degrés, on redescendît sur le point de départ; il s'en suivrait que toutes les périodes musicales seraient terminées en descendant.

EXEMPLE:

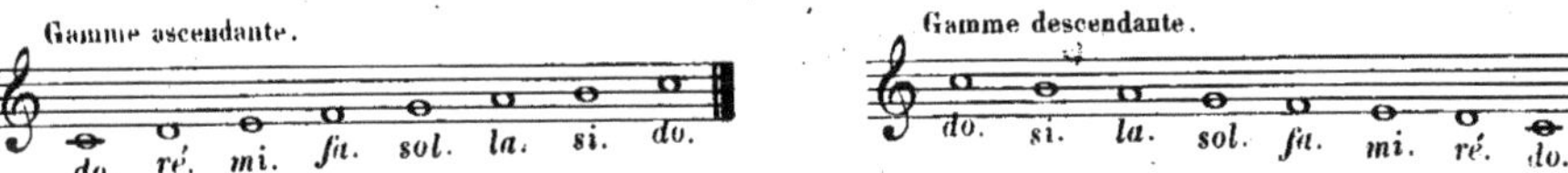

On solfiera cette gamme très lentement, en montant et en descendant, ayant soin de prendre un diapason convenable à la voix de l'élève ou des élèves. Chaque élève devra l'étudier assez pour bien comprendre la succession des sons qui la composent. (1)

Le premier et le huitième degré de la gamme ayant la même valeur, ils peuvent tous deux servir de base à une nouvelle série de notes, soit en montant, soit en descendant. Il résulte de là que la gamme peut se prolonger indéfiniment.

EXEMPLE:

On étudiera bien la lecture de ces notes.

Si la gamme est bien comprise, on doit la diviser de manière que chaque élève chante à son tour une note de cette gamme, en montant et en descendant.

Pour les leçons particulières, le maître la solfiera avec l'élève, faisant une note chacun à son tour.

Dans tous les cas, le maître indiquera l'intonation de la première note.

On doit s'exercer à commencer la gamme indistinctement par tous les degrés qui la compo-

(1) Dès que l'élève comprendra la suite des sons de la gamme, le maître devra s'abstenir de jamais l'aider à prendre les intonations, soit avec la voix, soit avec un instrument, les exercices étant faits pour que l'élève se suffise sur ce point.

sent, en la divisant par fractions. Il faut, pour cela, avoir recours, surtout les premières fois, à une épellation mentale, c'est-à-dire, qu'il faut pressentir ou apprécier mentalement les sons qu'on ne fait pas entendre, pour arriver à l'intonation qu'on doit prendre.

La première et la huitième note de la gamme sont celles dont l'intonation se comprend le mieux, c'est pourquoi on s'en servira comme point de départ pour les sons à pressentir, ayant soin de choisir, pour cela, celle de ces deux notes qui est le plus près.

Nous marquons par des points noirs les notes à pressentir.

EXEMPLE.

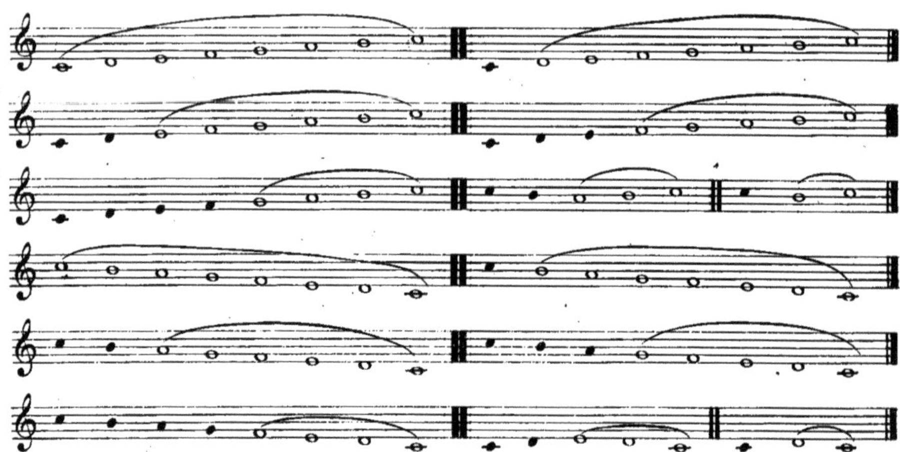

Quand on comprendra bien cet exercice, on l'exécutera en pressentant seulement, dans chaque fraction, le degré qui a servi de point de départ à la fraction précédente.

EXEMPLE.(1)

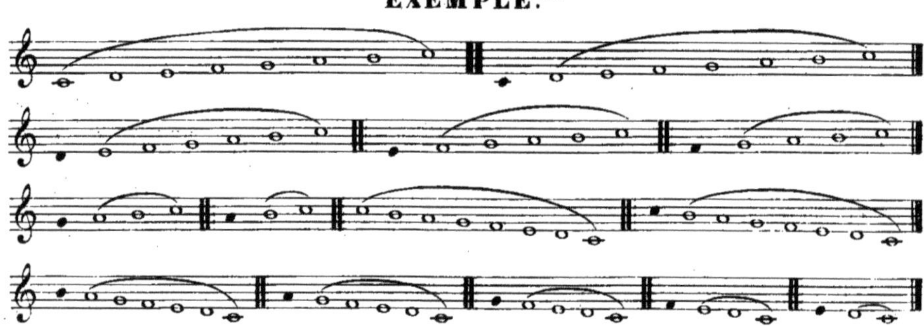

(1) Pour faire facilement ces exercices, on peut d'abord les exécuter en répétant plusieurs fois chaque fraction de la gamme.

L'élève solfiera seul ces exercices, en prenant le temps nécessaire pour pressentir les notes indiquées.

Dans les leçons collectives, chaque élève devra solfier à son tour une fraction de chaque exercice.

Quand ce deuxième exemple sera bien compris, on le solfiera en supprimant la note pressentie et en appuyant sur chaque note qui commence une fraction.

Si les intonations de la gamme sont bien comprises, on doit pouvoir solfier les deux exercices qui suivent.

ÉTUDES MÉLODIQUES SUR LES INTONATIONS DE LA GAMME.

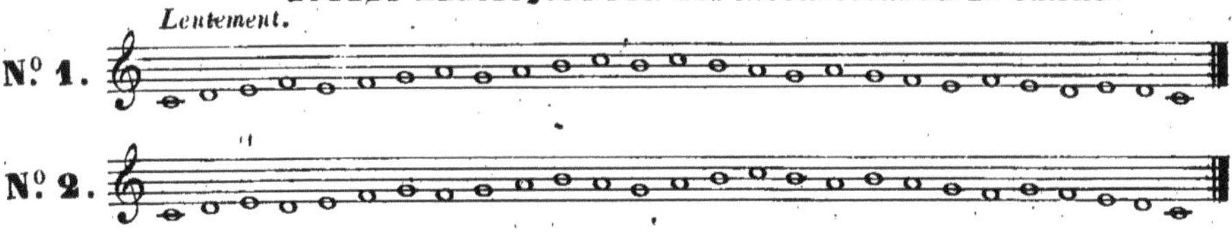

DES SILENCES.

On nomme *Silences*, des signes de convention qui correspondent à la durée des notes; ils indiquent que leur durée doit être passée en silence.

FIGURES DES NOTES ET DES SILENCES.

C'est par la figure d'une note que l'on connait la durée qu'elle doit avoir.

Il en est de même pour les silences.

TABLEAU DES FIGURES DES NOTES ET DES SILENCES ÉQUIVALENTS.

	Ronde.	Blanche.	Noire.	Croche.	Double-Croche.	Triple-Croche.	Quadruple-Croche.
NOTES.							
SILENCES.	Pause. (1)	½ Pause.	Soupir.	½ Soupir.	¼ de soupir.	⅛ de soupir.	1/16 de soupir.

Il est facile de retenir la correspondance des silences et des notes si l'on remarque que la *Pause*, qui est le silence de la *Ronde*, est placée au-dessous d'une ligne; la *Demi-Pause*, au contraire, est placée au-dessus; le *Soupir* est le seul silence qui ait la tête tournée à droite,

(1) On ne peut pas dire dans un sens absolu que la Pause vaut la Ronde, puisqu'on l'emploie pour représenter la valeur d'une mesure composée de deux *noires*, comme on le verra bientôt. On verra aussi plus tard qu'on s'en sert pour silences d'autres mesures composées de moins d'une *ronde*, ce qui ferait croire que ce signe est généralement adopté comme valeur d'une mesure entière, tandis qu'il n'en est rien, puisqu'on y ajoute un point dans la mesure à *douze-huit*. La valeur de ce signe n'est donc pas déterminée d'une manière précise.

Même observation pour la *demi-pause* que l'on emploie aussi irrégulièrement.

c'est le silence de la *Noire*; tous les autres silences ont la tête tournée à gauche et chacun d'eux a autant de crochets que la note à laquelle il correspond.

Pour exprimer la durée comparative des notes, on dit que la *Ronde* vaut *deux Blanches*, ce qui signifie qu'elle doit durer autant que deux blanches: la *Blanche* vaut *deux Noires*, la *Noire* vaut *deux Croches*, la *Croche* vaut *deux doubles-croches*, la *Double-croche* vaut *deux triples-croches*, et la *Triple-croche* vaut *deux quadruples-croches*.

En résumé, la *Ronde* vaut deux *Blanches*, ou quatre *Noires*, ou huit *Croches* etc: etc:

La *Blanche* vaut deux *Noires*, ou quatre *Croches* etc: La *Noire* vaut deux *Croches* ou quatre *Doubles-croches* etc: ce qui se comprendra très-bien par les applications que nous en ferons.

DE LA MESURE.

On appelle *Mesure*, la division de la durée des notes et des silences en parties égales que l'on nomme **TEMPS**.

Pour mieux sentir la division des *Temps* de la *Musure* et fixer la durée exacte des notes et des silences, on a recours à un mouvement de la main ou du pied, ce qui se nomme *Battre la mesure*.

Chaque mouvement marque une unité de *Temps*.

Il y a trois sortes de mesures; savoir:

La mesure à quatre temps que l'on indique par un **C** ou par un **4** placé après la clef; la mesure à **3** temps qui s'indique par **3**, ou par **3/4** ou par **3/8**; la mesure à deux temps qui s'indique par un **2**, ou par un **C** barré (**₵**), ou par **2/4**.

On nomme aussi *Mesure*, la quantité de temps contenue entre deux barres verticales placées sur la portée et qu'on appelle *Barres de mesure*.

DES SILENCES DE PLUSIEURS MESURES.

Un *Silence* peut durer pendant plusieurs mesures.

Voici les signes adoptés pour en indiquer la durée:

Le *Silence* de deux mesures se marque par une barre verticale qui prend d'une ligne de la portée à celle de dessous. Le *Silence* de quatre mesures prend une ligne de plus.

Ces barres se nomment ordinairement *Bâtons de* **2** *et de* **4** *pauses*.

EXEMPLES:

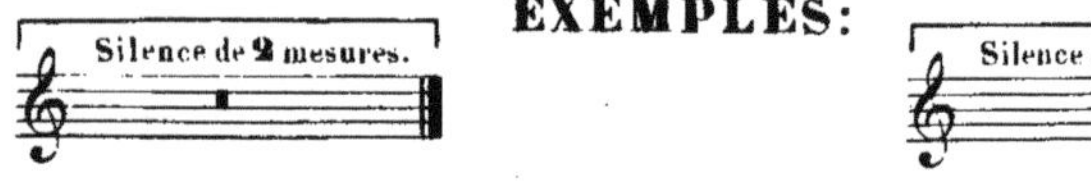

On marque ainsi le repos d'un plus grand nombre de mesures:

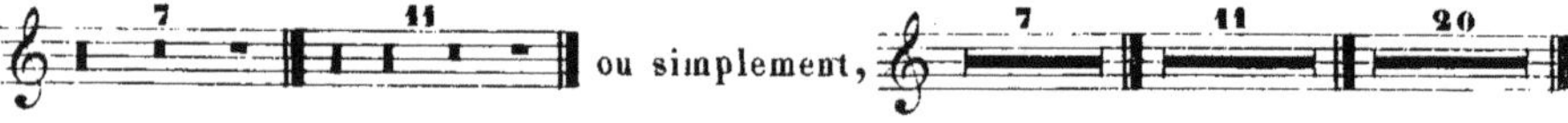

De la réduction des figures des notes et des silences dans les mesures.

Les mesures à deux et à trois temps peuvent s'écrire en réduisant de moitié la valeur des notes et des silences.

Cette réduction s'indique par deux chiffres placés après la clef.

Le chiffre supérieur donne la quantité de fractions de la *Ronde* que contient chaque mesure; le chiffre inférieur indique la nature de ces fractions.

La mesure *Typique* à deux temps, marquée à la clef par un **2** ou par un **C** barré, étant com-composée de deux *Blanches*, elle doit avoir pour réduction une mesure composée de deux *Noires* qui sont *deux quarts* de la *Ronde*, c'est pourquoi cette dernière mesure se marque ainsi: $\frac{2}{4}$ et se nomme mesure à *deux quatre*.

EXEMPLES:

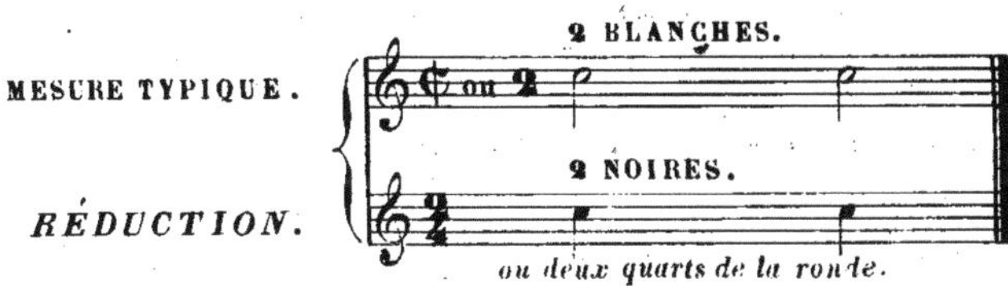

Nous parlerons plus tard de la réduction de la mesure à trois temps.

Avant de distribuer une mesure en parties égales pour en former les unités de temps, il faut considérer la figure de la note qui représente l'unité de mesure, et prendre autant de fractions de cette unité qu'il faut de temps dans la mesure.

EXEMPLES:

La mesure à $\frac{2}{4}$ pourrait avoir aussi sa réduction, ce serait la mesure à $\frac{2}{8}$ qui contient *deux-huitièmes* de la *Ronde*.

EXEMPLE:(1)

RÉSUMÉ.

La valeur d'une note ou d'un silence, dans une mesure, n'est déterminée que comparativement à celle de la note dont la figure représente l'unité de mesure.

Par exemple : dans la mesure à *deux-quatre*, la *Noire* vaut autant que vaut la *Blanche* dans la mesure qui a pour unité la *Ronde*.

DE LA MESURE A DEUX TEMPS.

La mesure à deux temps se bat ainsi:(2)........................ 2 | 1

Du Temps fort et du Temps faible.

Dans la mesure à deux temps, le premier temps s'appelle *Temps fort* parce qu'il se marque plus fort que le deuxième, que l'on nomme *Temps faible*.

REMARQUE:

Dans toutes les mesures, le premier temps se fait en frappant, le dernier se fait en levant.

ETUDES SUR LA MESURE A DEUX TEMPS.

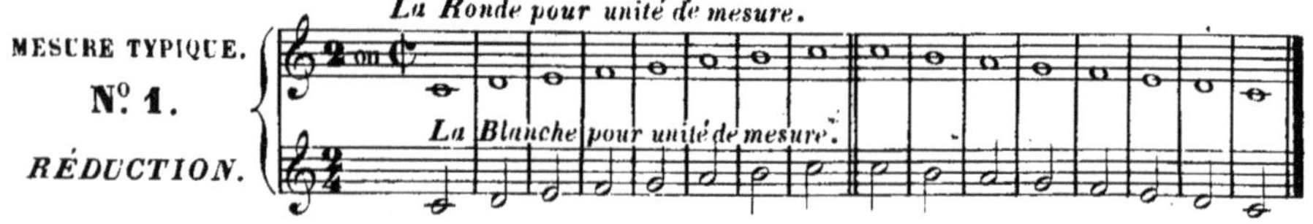

(1) Quelques anciens compositeurs ont employé cette mesure.

(2) Il est indispensable que la main sache parfaitement marquer les temps de la mesure pour qu'elle serve à régler la durée des signes. On devra donc, au besoin, faire un exercice particulier du marquer des temps.

Mesure typique
N.o 2.
Réduction.
Avec la pause, silence de la ronde.
Avec la pause, employée arbitrairement comme silence d'une mesure.
Mesure typique
N.o 3.
Réduction.
Avec une blanche pour chaque temps.
Avec une noire pour chaque temps.
Mesure typique
N.o 4.
Réduction.
Avec la 1/2 pause, silence de la blanche.
Inverse.
Avec le soupir, silence de la noire.
Inverse.
Mesure typique
N.o 5.
Réduction.
Récapitulation des N.os 1 et 3.
Mesure typique
N.o 6.
Réduction.
Récapitulation des N.os 2 et 4.

DE LA MESURE A QUATRE TEMPS.

La mesure à quatre temps n'est autre que la mesure à deux temps divisée en quatre parties. La *Ronde* est l'unité de mesure, et, parconséquent, il y a une *Noire* pour chaque temps. Elle se compose de deux temps *forts* et deux temps *faibles;* les temps forts sont les premier et troisième temps, le premier se marque plus fort que le troisième.

La mesure à quatre temps se bat ainsi:............... 4 2 3 1

ETUDES SUR LA MESURE A QUATRE TEMPS.[1]

---

(1) On pourra, si on le juge convenable, faire battre à quatre temps les six études précédentes sur la mesure à deux temps.

(2) Lorsqu'on marque la mesure à deux temps, il faut toujours, dans les mouvements lents, diviser en quatre parties cette mesure, bien que la main ne fasse que deux mouvements, elle peut faire les autres imperceptiblement.

Le maitre écrira sur le tableau une quantité suffisante de différentes figures de notes et de silences, après quoi, l'élève placera les barres de mesure de manière qu'il se trouve deux temps dans chaque mesure. Les figures écrites devront comprendre depuis la *Ronde* jusqu'à la *Croche* inclusivement, avec les silences équivalents.

L'élève pourra ajouter des *Silences* pour compléter les mesures, afin qu'il y ait deux temps dans chacune d'elles.

Cet exercice devra être fait le plus souvent possible.

DES INTERVALLES.

On nomme *Intervalle* la distance d'un son à un autre son.

On distingue les *Intervalles* par les noms de: *Seconde*, *Tierce*, *Quarte*, *Quinte*, *Sixte*, *Septième*, *Octave etc:*

On les représente par les chiffres 2, 3, 4, 5, 6, 7, 8 etc:

Chacun de ces chiffres indique la quantité de notes que contient l'intervalle qu'il représente.

EXEMPLE. 

On nomme *Unisson* deux notes placées sur la même ligne ou dans le même interligne. On le représente par le chiffre **1**.

Exemple. 

REMARQUE:

Toutes les notes de la gamme peuvent servir de base à un intervalle quelconque. Ainsi, il y a une seconde de *Ré* à *Mi*, une quinte de *Si* à *Fa*. *etc:*

RÈGLE:

Tous les Intervalles se comptent en montant, à moins qu'on ne convienne du contraire.

De l'Inversion dite Renversement des Intervalles.

Les deux notes qui composent un intervalle peuvent changer de position sans changer de nom. Ce changement de position se nomme *Inversion* de l'*Intervalle*.

L'inversion s'opère en transportant à l'aigu la note qui est au grave. Cette note parcourt toujours un intervalle d'octave. La position primitive d'un intervalle se nomme *Etat direct*.

Exemple. 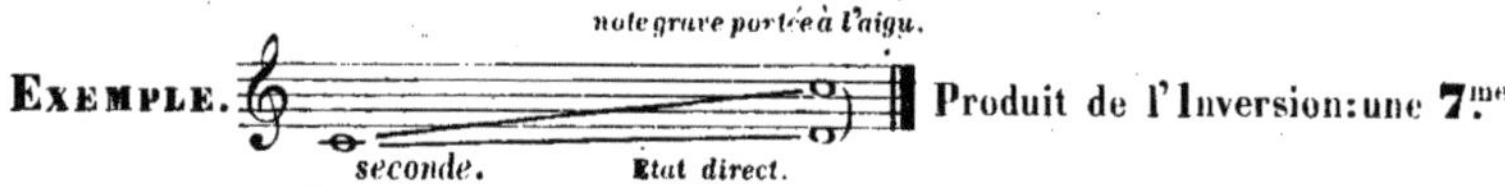

Produit de l'Inversion: une **7.me**

Tous les intervalles ont leur inversion.

EXEMPLE:(1)

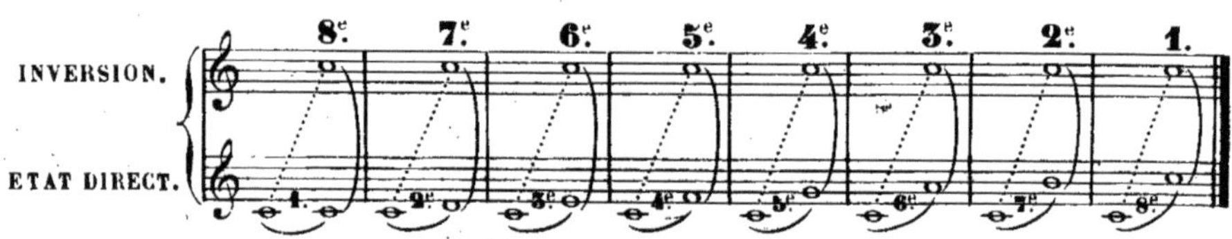

REMARQUE:

Il est facile de retenir le tableau ci dessus, si l'on considère que chaque chiffre qui représente l'Etat direct d'un intervalle, additionné avec celui de l'inversion, produit toujours le nombre **9**.

	1.	**2.e**	**3.e**	**4.e**	**5.e**	**6.e**	**7.e**	**8.e**
Exemple.	**8.e**	**7.e**	**6.e**	**5.e**	**4.e**	**3.e**	**2.e**	**1.**
	9.	**9.**	**9.**	**9.**	**9.**	**9.**	**9.**	**9.**

(1) C'est par extension que l'on considère l'unisson comme intervalle, puisqu'il n'y a aucune distance entre le même son frappé deux fois, mais il doit figurer dans le tableau avec son inversion, qui est l'octave.

DE LA LECTURE A LA MUETTE.

La lecture musicale offre deux difficultés bien distinctes, 1º les intonations representées par les notes; 2º la durée exacte des signes employés dans la musique.

Cette seconde difficulté est la plus grande, et son importance exige un travail particulier.

Ce travail consiste à lire, sans les chanter, les notes des exercices rhythmiques, en marquant les temps de la mesure; c'est ce qui se nomme *lire à la muette;* on doit en agir ainsi pour tous les passages qui présentent quelques difficultés dans la distribution des durées.

Il est donc expressément recommandé de ne solfier *aucun exercice*, sans l'avoir préalablement lu à la muette.

EXERCICES RHYTHMIQUES.(1)

à 4 et à 2 temps.

(1) On ne peut préciser le mouvement des exercices; le degré de vitesse doit être en raison du plus ou moins de facilité de la part des élèves, et jamais au détriment de l'exactitude des durées.

DES DEGRÉS CONJOINTS ET DES DEGRÉS DISJOINTS.

On nomme *Degrés Conjoints* ceux qui se touchent, c'est-à-dire, entre lesquels on ne peut placer un autre *degré*.

L' Intervalle de seconde est le seul qui soit composé de *deux degrés conjoints*.

Les *Degrés Disjoints* sont ceux que sépare un intervalle plus grand que celui de seconde.

Tous les intervalles, *excepté celui de seconde*, sont composés de *degrés disjoints*.

La gamme est composée de *degrés conjoints* et parconséquent d'intervalles de *secondes*.

DES INTERVALLES DIATONIQUES.

On nomme *Intervalles Diatoniques* ou *Primitifs* ceux qui existent dans la gamme du ton.(1)

Il y a dans la gamme *sept genres* d'Intervalles, sans compter l'unisson.

Chaque *genre* se divise en deux espèces.

Les deux espèces de chaque *genre* forment toujours le nombre *Sept*.

EXEMPLE:

La gamme contient:

7 Secondes.

5 Majeures..2 Mineures.

7 Tierces.

3 Majeures..4 Mineures.

7 Quartes.

6 Justes..1 Augmentée.

---

(1) On verra par la suite que chaque gamme forme un ton.

7 Quintes.

6 Justes .... **1** Diminuée.

7 Sixtes.

4 Majeures .... **3** Mineures.

7 Septièmes.

2 Majeures .... **5** Mineures.

7 Octaves.

Toutes égales.

La gamme est composée de cinq tons et deux demi-tons, ou cinq secondes majeures et deux secondes mineures.

Les deux demi-tons ou secondes mineures, se trouvent du troisième au quatrième degré, et du septième au huitième degré.

Exemple.

Tableau des Intervalles Diatoniques contenus dans la gamme.

(1) On peut voir dans mon Traité Rationnel du Solfége, les inversions de tous ces intervalles et le moyen de trouver le contenu d'un intervalle quelconque.

Maintenant, on doit pouvoir prendre imperturbablement les intonations des degrés conjoints. Nous allons passer à l'Etude des degrés disjoints.

A l'aide des degrés disjoints pris dans la gamme, on peut former des accords qui constituent l'*Harmonie de la gamme*.

On trouve dans la gamme les combinaisons harmoniques qui suivent.

HARMONIE DE LA GAMME.

(1) On appuyera sur les notes blanches.

(2) On étudiera d'abord les Intonations sans marquer la mesure, en donnant aux signes une durée comparative.

ETUDES SUR LES INTONATIONS DE LA 2e SÉRIE.

EXERCICES SUR LA 2e SÉRIE DES INTERVALLES.

ETUDES SUR LES INTONATIONS DE LA 3e SERIE.

EXERCICES SUR LES 1re 2e ET 3e SÉRIES.

ETUDES SUR LES INTONATIONS DE LA 4.e SÉRIE.

Nº 1. *Epellation.* Nº 2.

Nº 3. Nº 4.

Nº 5.

RÉCAPITULATION des SÉRIES. N.os 1.2.3 et 4.

Nº 1.

Nº 2.

EXERCICES SUR LES 1.re 2.e 3.e ET 4.e SÉRIES.

Nº 1.

Réduction.

La cinquième Série contient les intervalles de quarte augmentée et quinte diminuée dont les intonations sont plus difficiles que celles des Intervalles étudiés jusqu'ici; on fera donc en sorte de les bien apprendre, et surtout de les bien retenir.

ETUDES SUR LES INTONATIONS DE LA 5e SÉRIE.

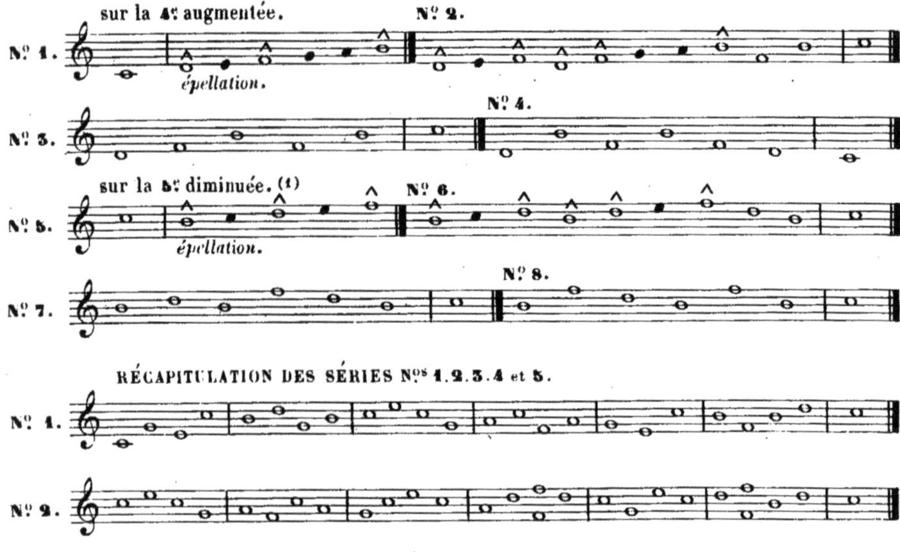

(1) Si le Fa était trop élevé pour l'étendue de la voix, on pourrait prendre à l'octave au dessous les N°s 5.6.7.8.

EXERCICES SUR LES CINQ SÉRIES.

N° 1.

Reduction.

N° 2.

Reduction.

Si les intonations des exercices précédents sont bien comprises, on peut commencer les solféges qui suivent.

Ces Solféges sont écrits pour être accompagnés au Piano dans les leçons particulières; la basse en est écrite de manière à pouvoir être solfiée par une ou plusieurs voix de basse dans les leçons d'ensemble.

Les élèves qui chanteront cette partie doivent apprendre d'abord à lire la musique sur la clef de *FA* quatrième ligne.

Exemple.

Pour faciliter la lecture sur cette clef, nous ferons observer que le nom des notes est toujours une tierce au-dessus du nom des mêmes notes à la clef de sol. (1)

DE LA LIAISON ET DU POINT.

La *Liaison* est une ligne courbe placée sur deux notes à l'unisson pour indiquer qu'elles doivent être exécutées par une seule émission de voix : la seconde note est la prolongation de la durée de la première.

Le *Point* se place après une note ou après un silence pour prolonger de moitié la durée du signe qui le précède.

Le point produit l'effet de la liaison.

EXEMPLE.(2)

Etudes sur les notes pointées.

(1) Nous nous bornerons ici à l'Etude de la clef de Fa quatrième ligne; cet ouvrage est trop élémentaire pour qu'il y soit question des autres Clefs.

Les personnes qui voudront voir cette matière traitée au complet prendront mon Traité de Transposition, qui fait suite au Traité Rationnel du Solfége.

Ce Traité de Transposition contient des Exercices sur toutes les Clefs et l'emploi que l'on doit faire des différentes Clefs.

(2) Pour bien exécuter les notes pointées, il faut faire sentir la prolongation de la note pointée en appuyant sur le point, surtout quand le point se trouve au marquer d'un temps.

N°. 3.
Réduction.
RÉCAPITULATION.
N°. 4.
Réduction.
EXERCICES SUR LES NOTES POINTÉES.
N°. 1.
Réduction.
Réduction du N°. 1.
N°. 2.
Réduction.
Réduction du N°. 2.
N°. 3.
Réduction.
RÉCAPITULATION.
N°. 4.

Comparaison des notes d'égales valeurs aux notes pointées.

DU DOUBLE POINT.

On met quelquefois, après un point, un autre point qui augmente de moitié la durée du premier et diminue d'autant la valeur de la note qui le suit. (1)

EXEMPLE.

Nous allons donner les termes Italiens employés dans la musique pour indiquer les mouvements et les nuances.

---

(1) Quelques Auteurs ont écrit trois points après une note d'une longue durée.

TABLEAU ALPHABETIQUE.

Des termes Italiens et des signes équivalents, pour désigner les mouvements et les nuances.

Abbandono *(con)*	Avec abandon.
Accelerando *ou Accel:*	En pressant.
Adagio	Posément.
Ad libitum *ou ad lib:*	A volonté.
Affettuoso	Affectueux, doux et mélancolique.
Agitato	Agité.
Alla	À.
Allegro *ou All^{o}*	Vif et gai.
Allegretto *ou All^{tto}*	Moins vite qu'*Allegro*.
Amoroso	Tendre.
Andante *ou And^{te}*	Modéré, *tendant à la lenteur.*
Andantino *ou And^{no}*	Un peu moins lent qu'*Andante.*
Anima *(con)*	Avec âme.
Animato	Animé.
Aria	Air.
Arietta	Ariette. *(petit air)*
Arioso	Dans le style des airs.
Assai	Assez
A Tempo	Dans le mouv^{t} précédent.
Attaca	Attaquez.
Basso	Basse.
Brillante	Brillant.
Brio *(con)*	Avec bruit.
Brioso	Bruyant.
Ben	Bien.
Cadenza	Cadence.
Calando *ou cal:*	En laissant éteindre le son.
Calore *(con)*	Avec chaleur.
Cantabile	Lentement *avec expression.*
Canto	Chant.
Coda	Fin du morceau composé d'une reprise ou de quelques mesures
Come	Comme.
Commodo	Commodément.
Con	Avec.
Corda *(una)*	A une corde.
Crescendo *ou cresc: ou* <	En augment^{t} la force du son.
Da Capo *ou D.C.*	Au commencement du morceau.
Decrescendo *ou decresc:* ou >	en diminuant la force du son.
Delicato	Délicatement.
Di	De.
Diminuendo *ou dim:*	Voyez *decrescendo.*
Dolce *ou dol:*	Doux.
Dolcezza *(con)*	Avec douceur.
Dolcissimo	Très doux.
Espressione*(con)* ou *esp:*	Avec expression.
Espressivo	Expressif.
Fermate	Fermat, *point d'arrêt.*
Fieramente	Avec fierté.
Fine	Fin.
Flebile	Voyez: *Lamentabile.*
Forte *ou* ***f***	Fort.
Fortissimo *ou* ***ff***	Très fort.
Forza *(con)*	Avec force.
Forzando *ou* ***fz***	Voyez: *sforzando.*
Fugato	Dans le style de la fugue.
Fuoco *(con)*	Avec feu.
Furioso	Furieux.
Giocoso	Gai
Giusto *(Tempo)*	Mouv^{t} approprié au morceau.
Grave	Gravement, lent, solennel.
Grazia *(con)*	Avec grâce.
Grazioso	Gracieux.
Gusto (con) *ou Gustoso*	Avec goût.
Impeto *(con)*	Avec impétuosité.
Lagrimoso	Plaintif.
Lamentabile	Lamentable, Triste.
Languido	Langoureux.
Largo	Largement, c'est le plus lent des mouvements.
Larghetto	Un peu moins lent que *largo.*
Legato	Lié ou coulé.
Leggieramente *ou legg:*	Légèrement.
Lento	Lent.

Loco ... Endroit.
Lugubre ... Lugubre.
Ma ... Mais.
Maestoso ... Majestueux.
Maggiorre ... Majeur.
Mancando *ou Manc:* ... En diminuant le son et la vitesse.
Marcato ... Marqué.
Marcia ... Marche.
Meno ... Moins.
Mesto ... Triste.
Mezza-voce *ou M.V.* ... A demi voix.
Mezzo-forte *ou mf* ... A demi-fort.
Minore ... Mineur.
Moderato ... Moderé.
Molto ... Beaucoup.
Morendo ... En mourant.
Mosso *ou con mosso* ... Avec émotion.
Motto *(con)* ... Avec célérité.
Movimento ... Mouvement.
Minuetto *(Tempo di)* ... Mouvement de menuet.
Nota ... Remarquez.
Nobile ... Noble.
Non ... Pas, non.
Obligato ... Obligé.
Octava *ou* 8a ... *(alta)* une octave au-dessus. *(bassa)* une octave au-dessous.
Pastorale ... Pastoral.
Perdendosi ... En perdant le son.
Piacere *(a)* ... A plaisir *(voyez ad libitum)*
Piacevole ... D'une manière agréable.
Pianissimo *ou* **PP** ... Très doux.
Piano *ou* **P** ... Doux.
Più ... Plus
Più tosto ... Plus-tôt.
Poco ... Peu
Poco a poco ... Peu à peu.
Poi ... Et puis, ensuite, après.
Polacca ... Polonaise.
Pomposo ... Pompeux.
Portamento ... Port de voix.
Portando *(il suono)* ... En portant le son.
Precipitato ... Précipité.
Presto ... Vite.
Prestissimo ... Très vite.
Primo *ou* **1º** ... Premier.
Rallentando *ou rall:* ... En rallentissant
Replica ... Reprise.
Rinforzando *ou rf ou rinf:* ... En renforçant le son.
Risoluto ... Résolu.
Rittardendo *ou ritenuto ou rit:* Voyez *rallentando*.
Romanza ... Romance.
Scherzando *ou scherz:* ... En badinant.
Scetta *(a)* ... Exécuter à volonté.
Segue ... Suivez.
Semplice ... Simplement.
Sempre ... Toujours.
Senza ... *sans* ... *(senza tempo)* sans mesure. *(senza replica)* sans réplique.
Serioso ... Sérieux.
Sforzando *ou sf* ... Voyez *rinforzando*.
Siciliano ... Morceau Sicilien d'un caractère ordinairement mélancolique.
Simile ... Semblable.
Smanioso ... Voyez *furioso*.
Smorzando *ou smorz:* ... Voyez *morendo*.
Sino ... Si non.
Suave ... D'une manière suave.
Solo ... Seul.
Sordina *(con)* ... Avec sourdine.
Sostenuto ... Soutenu.
Sotto ... *Ainsi que* *(voce)* la voix *(canto)* le chant.
Spirito *(con)* ... Voyez *spiritoso*.
Spiritoso ... Animé.
Staccato *ou stacc:* ... Détaché.
Strepitoso ... Voyez *brioso*.
Stretto ... Serré.
Stringendo ... En pressant.
Subito ... Vite.
Tardando ... Voyez *rallentando*.
Tasto solo ... N'exécuter que la partie de basse.
Tedesco *(tempo di)* ... Mouvement de Valse.
Tema ... Thême.
Tempo ... Mouvement (1º) 1er Mouvemt
Tenuto ... Tenu.
Tremando ... Voyez *tremolo*.
Tremolo ... En tremblant.
Troppo ... Trop.
Tutti ... Tous.
Unissono ... A l'unisson.
Veloce ... Rapidement
Vigoroso ... Vigoureusement.
Vivace ... Vivement.
Vivo ... Vif.
Volta ... Fois (1a) 1re Fois (2a) 2e Fois.
Volti ... Tournez.

FIN.

DE L'ENJAMBEMENT DU POINT.

On peut prolonger la durée d'une note dans la mesure qui suit cette note, en remplaçant la liaison par un point; c'est ce qu'on nomme *Enjambement du point*.

EXEMPLE.

Nous allons employer les termes Italiens pour les Solféges qui suivent.

On aura soin d'observer que chaque solfége doit être étudié lentement et sans avoir égard au mouvement indiqué, tant que l'on est pas sûr de l'exécuter exactement.

Il en sera de même pour les nuances, dont on ne doit s'occuper qu'en dernier lieu.

ETUDE RHYTHMIQUE.(1)

(1) Les Etudes Rhythmiques doivent être étudiées d'abord lentement et à la muette.

Etude Rhythmique.

Un morceau de musique peut commencer indistinctement par l'un des temps de la mesure et même par une fraction de temps.

EXEMPLE.(1)

Etude Rhythmique.

(1) Lorsqu'un morceau de musique commence par une fraction de mesure, le complément de cette mesure se trouve toujours à la fin du morceau.

DE LA MESURE A TROIS TEMPS.

La mesure à trois temps est composée d'une *Unité Ternaire*, c'est-à-dire, qui se divise en trois parties.

Elle contient deux temps forts et un temps faible. Les deux temps forts sont : le *Premier* et le *Troisième* temps de chaque mesure.

La mesure à trois temps se bat ainsi:............ 3 ▷2 1

Le prototype de cette mesure se marque à la clef par $\frac{3}{2}$. trois *demi-rondes* ou trois *blanches*.

L'unité de mesure est une *Ronde pointée*; l'unité de temps est la *Blanche*. (1)

La réduction de cette mesure a pour unité de mesure *une blanche pointée*; elle se marque à la clef par $\frac{3}{4}$, trois quarts de la *Ronde* ou trois *Noires*, elle a *une noire* pour unité de temps.

La mesure à $\frac{3}{4}$ a aussi sa réduction qui est la mesure à $\frac{3}{8}$, trois huitièmes de la *Ronde* ou trois *Croches*; celle-ci a pour unité de mesure *une noire pointée* et pour unité de temps *une croche*.

EXEMPLES.

(1) Cette mesure est rarement usitée aujourd'hui.

DU POINT D'ORGUE OU POINT D'ARRÊT

On nomme *Point-d'Orgue*, un point dans un demi-cercle placé sur une note ou sur un silence, pour indiquer qu'on peut prolonger à volonté la durée de cette note ou de ce silence.

EXEMPLE:

SOLFÉGES SUR LA MESURE A 3 TEMPS.

Andantino.

N°. 7.

No. 8.

Allegro.

mez:voce.

cresc:

f

p

cresc:

DES SIGNES ALTÉRATIFS.

On nomme ainsi les signes qui altèrent l'intonation des notes qui les suivent; il y en a cinq, savoir:

Le *Dièse*, qui s'écrit ainsi: ♯.

Le *Bémol*, qui s'écrit ainsi: ♭.

Le *Bécarre*, qui s'écrit ainsi: ♮.

Le *Double-Dièse*, qui s'écrit ainsi: 𝄪 ou x.

Le *Double-Bémol*, qui s'écrit ainsi: 𝄫.

Le *Dièse* sert à hausser d'un *demi-ton* l'intonation de la note qui le suit.

Le *Bémol* sert à baisser d'un *demi-ton* l'intonation de la note qui le suit.

Le *Bécarre* annule l'effet du *Dièse* et du *Bémol*, en baissant d'un *demi-ton* une note *dièsée*, ou en haussant d'un *demi-ton* une note *bémolisée*.

Le *double-Dièse* sert à hausser d'un *demi-ton* une note déjà *dièsée*, ou d'un *ton* une note non altérée.

Le *double-Bémol* sert à baisser d'un *demi-ton* une note déjà *bémolisée*, ou d'un *ton* une note non altérée.

DIVISION DE LA GAMME DIATONIQUE

PAR DEMI-TONS.(1)

Chaque ton ou *Seconde majeure* qui existe dans la gamme peut être divisé en deux demi-tons ou *Secondes mineures* à l'aide du dièse ou du bémol.

La Gamme contient douze demi-tons.

EXEMPLES:

La Gamme ainsi divisée par demi-tons se nomme: *Gamme Chromatique*.

Chaque ton contient deux demi-tons dont l'un se nomme *Chromatique* et l'autre *Diatonique*.

Le demi-ton *Chromatique* est toujours produit par l'effet d'un signe altératif; il est composé de deux notes qui portent le même nom.

---

(1) La gamme d'un ton se nomme *Gamme diatonique*. Tous les degrés qui font partie de la gamme du ton sont *Diatoniques*.

Le demi-ton *Diatonique* est composé de deux notes qui portent un nom différent.

EXEMPLES.

Les deux demi-tons qui existent dans toutes les gammes sont *Diatoniques*.

DES MODES.

Il y a en musique deux genres que l'on nomme *Modes* ou manière d'être.

Ces *Modes* se distinguent par les noms de *Majeur* et *Mineur*.

Chaque genre de mode se divise en autant d'espèces qu'il a de gammes.

Chaque gamme est un mode qui appartient au genre *majeur* ou au genre *mineur*, ce qui dépend de sa constitution.

La gamme que nous connaissons appartient au genre *majeur*; c'est pourquoi nous continuerons l'Etude de celui-ci avant de nous occuper du mode *mineur*.

Il y a sept gammes *Dièsées majeures* et sept gammes *Bémolisées majeures*. Elles sont toutes composées des mêmes éléments et contiennent, comme la gamme de *DO majeur* que nous connaissons, cinq tons et deux demi-tons, ainsi qu'on va le voir par les Tableaux qui suivent. (1)

TABLEAU DES GAMMES MAJEURES DIÈSÉES.

(1) Je ne puis entrer ici dans l'analyse de la formation des gammes; elle se trouve dans mon *Traité Rationnel du Solfège* qui contient au complet la Théorie musicale.

(2) On nomme *Tonique*, la note qui sert de base à une gamme et qui lui donne son nom.

REMARQUE

Les *Dièses* se placent à la clef par quintes en montant et dans l'ordre suivant: **FA, DO, SOL, RÉ, LA, MI, SI**. Les dièses placés à la clef servent à constituer le *Ton* et prennent nom de **SIGNE CONSTITUTIF**.

Chaque *Tonique* se trouve placée un *demi-ton* au-dessus du dernier dièse posé à la clef.

TABLEAU DES GAMMES MAJEURES BÉMOLISÉES.

REMARQUE

Les *Bémols* se placent par quintes en descendant et dans l'ordre suivant: **SI, MI, LA, RÉ, SOL, DO, FA**(1)

Les *Bémols* placés à la clef servent, de même que les *Dièses*, à constituer le *Ton* et se nomment **SIGNE CONSTITUTIF**.

Chaque *Tonique* se trouve placée une quinte au-dessus du dernier *Bémol* posé à la clef, ou, si on l'aime mieux, elle porte le nom du *pénultième bémol* placé à la clef.

Lorsqu'on a bien appris l'ordre dans lequel les *Dièses* et les *Bémols* se trouvent placés à la clef, voici le moyen qu'on peut employer pour trouver la quantité de *Signes* qui s'emploient dans la constitution de chaque *Ton*.

---

(1) Cette succession des *bémols* est précisément l'inverse de celle des *dièses*.

TONS DIÈSÉS.

Il faut diviser en deux parties les huit notes de la gamme ascendante, puis faire en sorte que dans chaque partie tous les intervalles soient des *Secondes Majeures*, c'est-à-dire, qu'il n'y ait pas de *demi-ton*. Ensuite, on place des chiffres *Pairs* sur les quatre premières notes et des chiffres *Impairs* sur les quatre dernières.

Chaque chiffre représente la quantité de *Dièses* qui constitue le *Ton* dont la *Tonique* est placée sous lui.

En *Do* majeur, rien à la clef, en *Ré*, deux dièses; en *Mi* quatre, en *Fa* ♯ six.

En *Sol* majeur, un dièse à la clef, en *La* trois, en *Si* cinq, en *Do* ♯ sept.

Pour les *Bémols*, il faut prendre la gamme en descendant et établir les mêmes intervalles.

En *Do* majeur, rien à la clef; En *Si* ♭, deux bémols; En *La* ♭, quatre bémols; en *Sol* ♭, six bémols.

En *Fa* majeur, un bémol, en *Mi* ♭, trois bémols; en *Ré* ♭, cinq bémols; en *Do* ♭, sept bémols.

L'analyse des tableaux des gammes prouve que les signes constitutifs sont employés pour établir, dans ces gammes, les mêmes relations que dans la gamme *Modèle*.

Partant de ce principe incontestable, on pourrait solfier toutes les gammes des deux tableaux avec les mêmes intonations que la première, si l'on donnait arbitrairement le même son à la première note de chaque gamme.

Il résulte de là que les notes *Dièsées* et *Bémolisées* dans les deux tableaux sont des notes *Diatoniques;* par conséquent, il n'est pas plus difficile de prendre ces intonations de la gamme de *Sol:* que celles-ci dans la gamme de *Do:* De même la gamme de *Mi*, qui commence ainsi: présente les mêmes Intervalles que la gamme de *Do:* Ces exemples doivent suffire: avec les mêmes intonations, on peut donc solfier la phrase ci-dessous dans les tons indiqués.

Quand on aura solfié au même diapason ces quatre exercices, on les exécutera en donnant à chacun d'eux le diapason qui lui appartient.

Maintenant, on peut étudier à la fois tous les *demi-tons* diatoniques des gammes dièsées, puisque tous ces *demi-tons* offrent le même intervalle.

Le premier demi-ton sert de *modèle*.

On appuiera sur les notes naturelles.

DES MODULATIONS.

On nomme *Modulation* un changement de ton qui s'opère dans le courant d'un morceau de musique.

Pour moduler il faut employer accidentellement le signe constitutif du ton dans lequel on va.

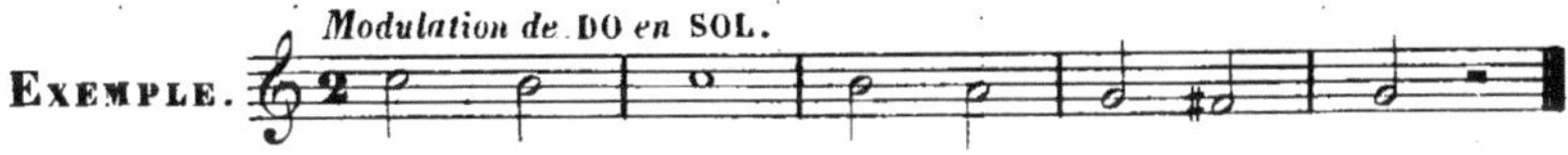

De même, pour retourner de SOL en DO, il faut effacer le FA dièse.

Ceci étant bien compris, on peut exécuter les modulations contenues dans les Solféges qui suivent, ainsi que les demi-tons diatoniques opérés à l'aide des dièses accidentels.

SOLFÉGE.

On solfiera la gamme du ton de *Sol* dans le Tableau des gammes dièsées. Page 38.

ETUDES SUR L'HARMONIE DU TON DE SOL.

Solfiez la gamme du ton de *Ré*, dans le Tableau des gammes dièsées, Page 35.

On module de *Sol* en *Ré* comme on a modulé de *Do* en *Sol*.

EXEMPLE.

Andante.

N° 12.

dolce.

cresc:

tasto solo.

mez:voce.

f

dolce.

p

dimin:

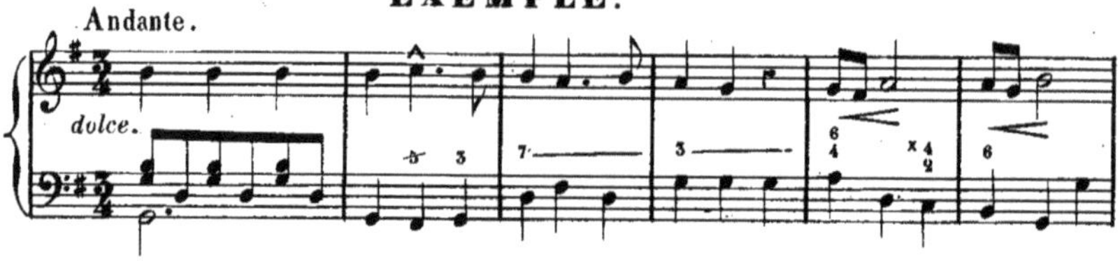

Andante.

N°. 13.

sempre mez: voce.

Allegro moderato.

N°. 14.

mez: voce.

cresc:

p

cresc:

On chantera la gamme du ton de *Fa*, dans le Tableau des gammes bémolisées Page 36.

ETUDES SUR L'HARMONIE DE LA GAMME DE FA.

SOLFÉGES EN FA MAJEUR.

DU RENVOI.

Le *Renvoi* est un signe qui se place dans le courant ou à la fin d'un morceau de musique. On en met toujours deux: le *second* indique qu'il faut recommencer à l'endroit où se trouve le premier pour continuer jusqu'au mot **FIN**.

EXEMPLE.

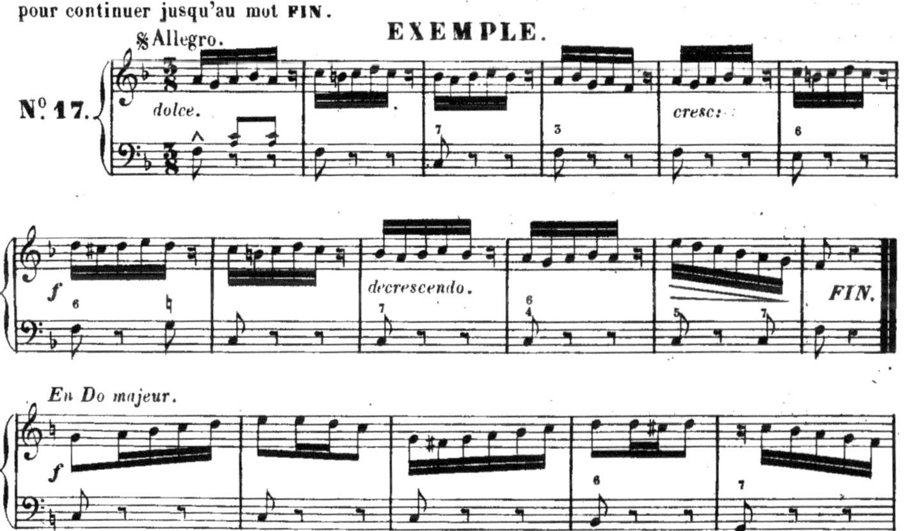

DE LA MESURE A SIX-QUATRE ET DE LA MESURE A SIX-HUIT.

La mesure à *Six-quatre* contient *Six quarts de la Ronde*, c'est-à-dire, *six Noires*.

La mesure à *Six-huit* contient *Six-huitièmes de la Ronde*, c'est-à-dire, *six Croches*; c'est la réduction de la précédente.

EXEMPLE.

Cette mesure est composée de deux temps *Ternaires*, c'est-à-dire, que chacun de ces temps se divise en trois parties.

La mesure à *Six-quatre* est peu usitée aujourd'hui. Nous allons nous occuper de celle à *Six-huit*.

EXERCICES SUR LA MESURE A SIX-HUIT.

Nous allons récapituler les tons que nous avons vus jusqu'ici.

Andante. *commencez en levant.*

N° 20.

risoluto. *cresc:* *f* *cresc:* *mez: voce.* *tasto solo.*

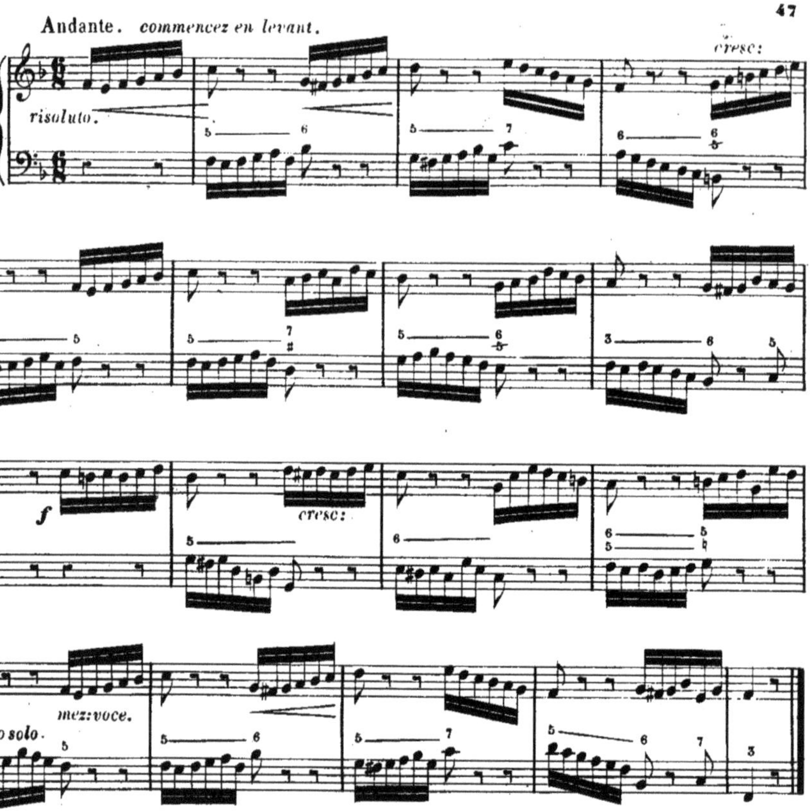

DU MODE MINEUR.[1]

Le *Mode mineur* est l'un des deux genres qui existent en musique.

Ces deux genres se distinguent par leur caractère :

Le *Mode majeur* semble propre à exprimer *la joie*, *la gaieté*, *la bravoure*.

Le *Mode mineur*, au contraire, semble être fait pour exprimer *la mélancolie* et *la tristesse*.

Le *Mode majeur* contient quinze espèces de tons.

Le *Mode mineur* en contient autant.

Chaque ton mineur est le *Relatif* d'un ton majeur.

On nomme *Relatifs*, deux tons de différents genres de modes qui ont à la clef la même quantité de signes *constitutifs*.

---

(1) Cette théorie est extraite de mon Traité Rationnel du Solfége.

TABLEAU DES TONS RELATIFS

MAJEURS et MINEURS.

TONS DIÈSÉS.

REMARQUE:

Chaque ton relatif mineur prend sa tonique *une Tierce mineure* au-dessous de la tonique du ton relatif majeur.

DE LA GAMME MINEURE.

Les modes majeur et mineur diffèrent entr'eux par la constitution de leurs gammes. Voici en quoi consiste cette difference :

La gamme majeure contient cinq *Tons* et deux *demi-tons*, et ces demi-tons se trouvent du troisième au quatrième degré et du septième au huitième degré. Cette gamme conserve les mêmes *Intervalles* en montant et en descendant.

La gamme mineure contient aussi cinq *Tons* et deux *demi-tons*; mais ces deux demi-tons se trouvent, en montant, du deuxième au troisième degré du septième au huitième degré; tandis qu'en descendant, les demi-tons se trouvent du sixième au cinquième et du troisième au deuxième degré.

Il y a donc déplacement de l'un des demi-tons de la gamme mineure dans cette gamme descendante.

EXEMPLE.

Les Italiens ont adopté une autre manière d'écrire la gamme mineure, la voici:

GAMME MINEURE N° 2.

On voit que cette deuxième gamme est la même en montant et en descendant. (1)

On apprendra bien les études qui suivent sur les intonations de ces deux *Gammes mineures*.

Etudes sur les Intonations des deux gammes du ton de la mineur.

GAMME N° 1.

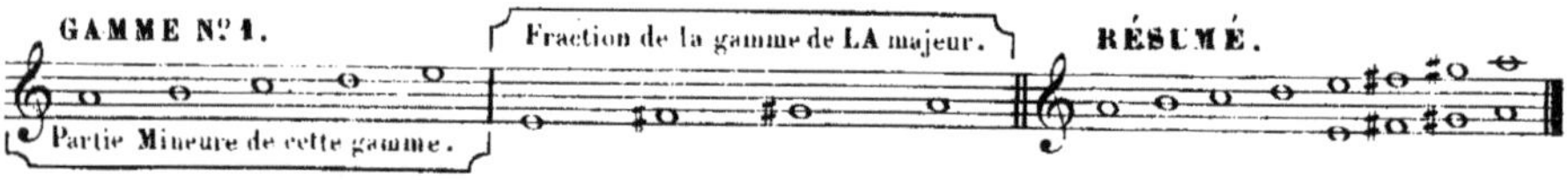

Fraction de la gamme de LA majeur.

RÉSUMÉ.

Partie Mineure de cette gamme.

EN DESCENDANT.

Partie Mineure de cette gamme.

RÉSUMÉ.

Fraction de la gamme de DO majeur.

GAMME N° 2.

Toute mineure.

RÉSUMÉ.

EN DESCENDANT.

Toute mineure.

RÉSUMÉ.

Etudes sur les Intonations de l'harmonie de ces deux gammes.

épellation.

N° 1.  N° 2.

RÉSUMÉ des N.os 1 et 2.

N° 3.

épellation.

N° 4.  N° 5.

Récapitulation des 5 numéros précédents.

N° 6.

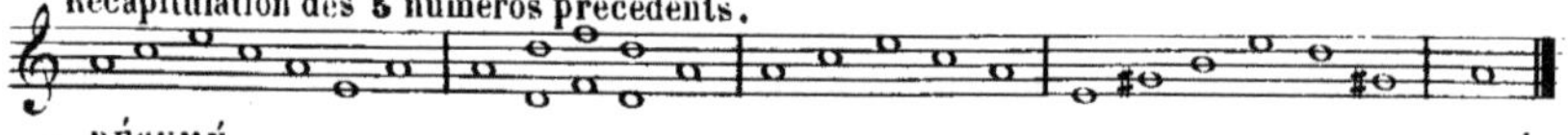

RÉSUMÉ.

N° 7.

(1) On trouve dans mon Traité de Solfége l'analyse synthétique de ces deux gammes, ainsi que celle de toute la théorie musicale. Cette analyse ne peut entrer dans ce Traité Elémentaire.

Solféges en La mineur.(1)

(1) Pour bien comprendre la différence des modes majeur et mineur, on doit les comparer souvent, on aura donc soin d'exécuter alternativement des Solféges écrits dans les deux modes.

Andante.

Nº. 22.

mez: voce *cresc:*

f *dim:* *p* *f*

cresc: *tasto solo.* *f* *dim:*

All°. vivace.

Nº. 23.

dolce. *cresc.* *f*

dim: *cresc:* *f* *ritenuto.* *p* a tempo. *cresc:*

dim: *f* *tasto solo.* *f* *cresc:* *diminuendo.*

GAMMES DU TON DE MI MINEUR. (1)

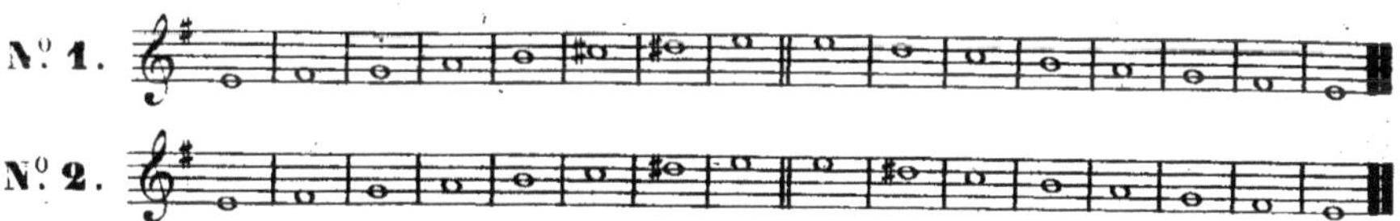

ETUDES SUR LES INTONATIONS DE L'HARMONIE DE CES DEUX GAMMES.

SOLFÉGES EN MI MINEUR.

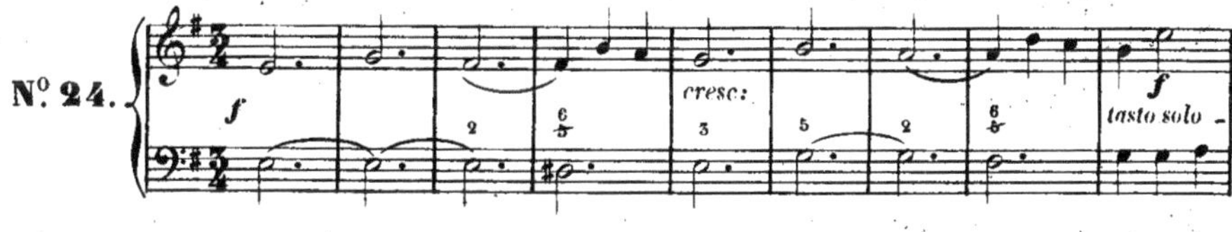

(1) Cet ouvrage purement Elémentaire n'embrasse qu'une partie des tons majeurs et mineurs. C'est pourquoi nous ne donnons pas ici les Tableaux des doubles gammes Mineures. On trouvera ces tableaux dans le Traité Rationnel qui est le complément de l'étude du Solfége.

DES REPRISES

On nomme *Reprise* deux points placés avant ou après une double barre de mesure pour indiquer qu'on doit exécuter deux fois la partie du morceau de musique qui se trouve du côté de ces 2 points.

Tempo di siciliano.
Nº 26.
p
en SOL majeur.
FIN.
mez: voce.
cresc:
p
cresc:
f
cresc:
D.C.
GAMMES DU TON DE RÉ MINEUR.
Nº 1.
Nº 2.
ETUDES SUR LES INTONATIONS DE L'HARMONIE DE CES DEUX GAMMES.
épellation.
Nº 1.
Nº 2.
Nº 3.
Nº 4.
Nº 5.
RÉCAPITULATION DES CINQ NUMÉROS PRÉCÉDENTS.
Nº 6.

Nº 7.

SOLFÉGES EN RÉ MINEUR.

Volti.

DE LA SYNCOPE.

La *Syncope* est une note qui, par sa durée, semble *couper* la régularité des temps de la mesure.

Pour exécuter la *Syncope*, il faut faire bien sentir les divisions des temps de la mesure.

La *Liaison* produit l'effet d'une *Syncope*.

EXEMPLES.

EXERCICES SUR LA SYNCOPE.

SOLFÉGES SUR LES SYNCOPES.

Avant de passer à l'étude de nouveaux tons, il est bon de récapituler les différents rhythmes étudiés jusqu'ici. Afin de les mieux comparer, nous allons les reproduire sur le même thême qui est l'exercice N.º 1. de la page 24.

(1) Si la gamme de Ré n'était pas suffisamment apprise, il faudrait l'étudier de nouveau. Page 35.

dimin:
f

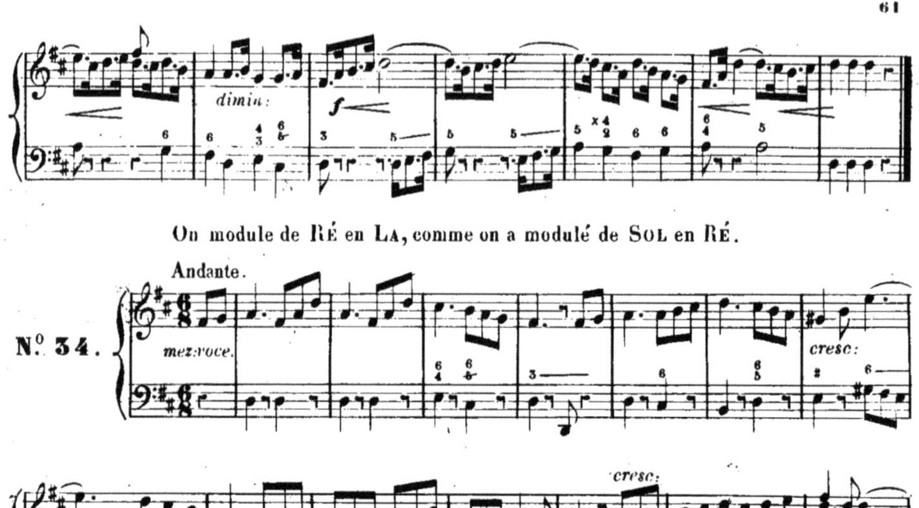

On module de RÉ en LA, comme on a modulé de SOL en RÉ.

Nº 34.

Andante.
mez: voce.
cresc:

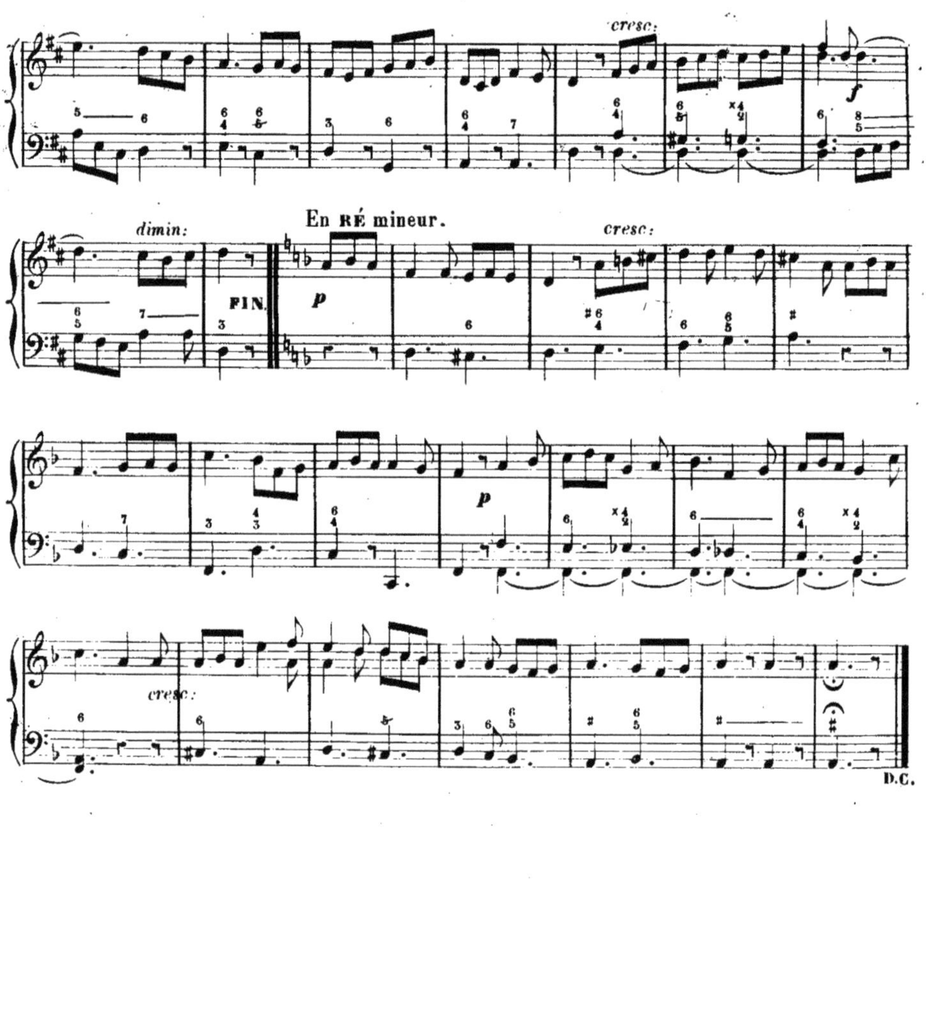
cresc:
f
dimin:
En RÉ mineur.
cresc:
FIN.
p
p
cresc:
D.C.

Allegro vivace.

N°. 35.

p *leggiero.* *tasto solo.* *cresc:* *f* *tasto solo.* *p* *p* *cresc: molto.* *f*

GAMME DU TON DE SI MINEUR.

N°. 1.

N°. 2.

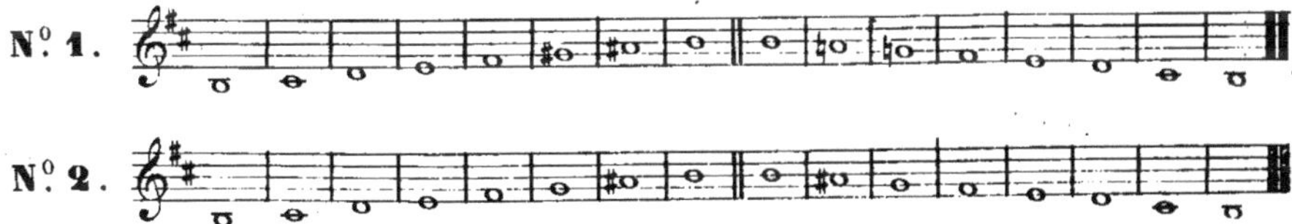

ETUDES SUR LES INTONATIONS DE L'HARMONIE DE CES DEUX GAMMES.

SOLFÉGES EN SI MINEUR.

N°. 37.

mez: voce.

cresc:

f

p

cresc

f

Solo.

Andante.

N° 38.

p *cresc:* *p* *cresc:* *f* *p* *cresc:* *rf* *rf*

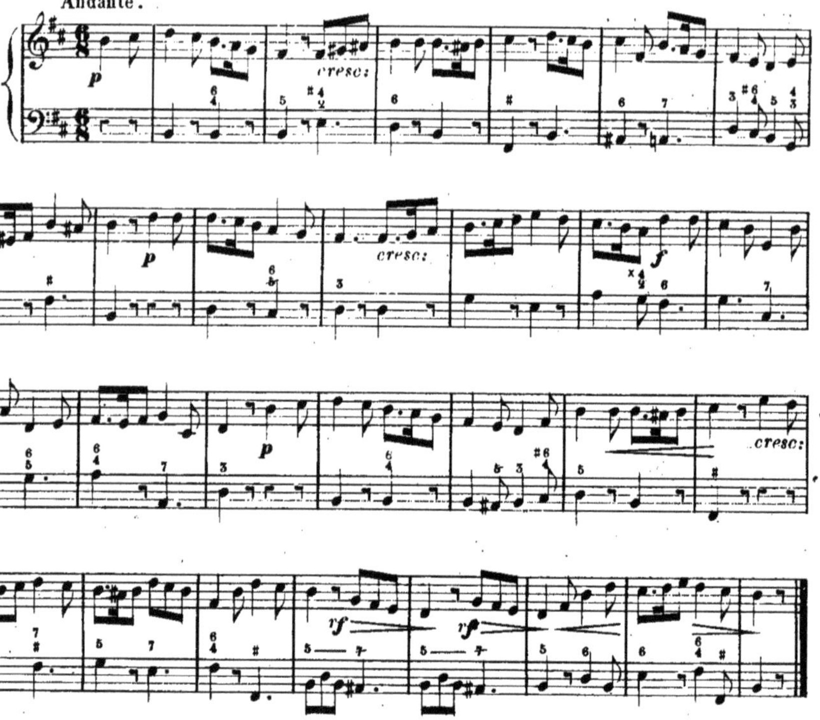

On apprendra la gamme du ton de *Si♭ majeur* dans le tableau des gammes bemolisées. Page 36.

ETUDES SUR LES INTONATIONS DE L'HARMONIE DE LA GAMME DE SI ♭ MAJEUR.

SOLFÉGES EN SI BÉMOL MAJEUR.

GAMMES DU TON DE SOL MINEUR.

ETUDES SUR LES INTONATIONS DE L'HARMONIE DE CES DEUX GAMMES.

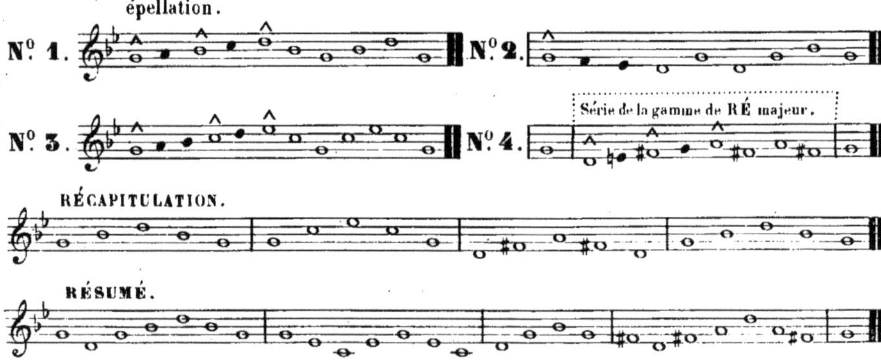

SOLFÉGES EN SOL MINEUR.

cresc:

p

FIN.

En SOL majeur.

dolce.

cresc:

f

cresc:

p

cresc:

senza replica

D.C.

N°. 44.

Presto.

f

FIN

Maggiore.

mez: voce.

D.C.

ETUDE DES DEMI-TONS CHROMATIQUES.

On peut maintenant étudier les demi-tons chromatiques contenus dans les gammes chromatiques de la page 34.

Pour prendre juste l'intonation du demi-ton chromatique, il faut *pressentir* l'intonation de la note qui suit et appuyer sur les degrés diatoniques.

EXEMPLE.[1]

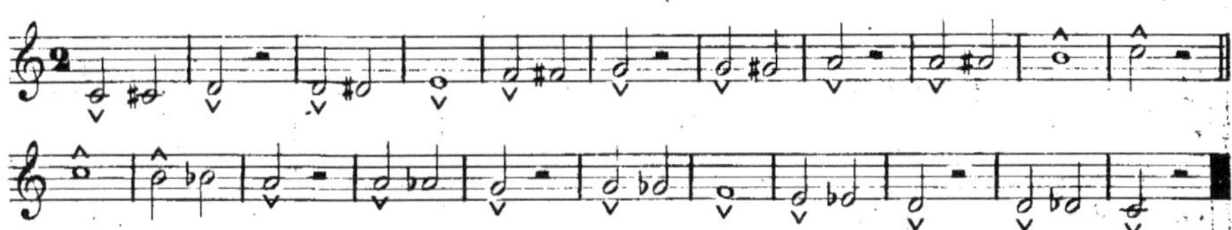

Pour prendre l'intonation du demi-ton chromatique, on peut aussi s'aider du demi-ton diatonique qui est plus facile.

EXEMPLE.

On peut choisir des deux moyens celui qui semble le plus facile.

RÉCAPITULATION.

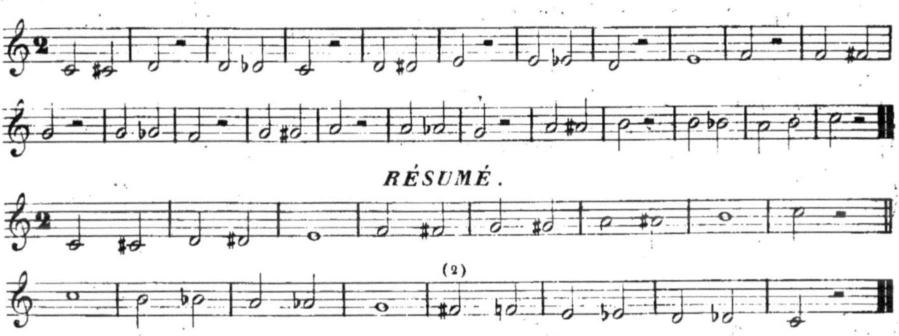

Nous allons employer les demi-tons chromatiques dans les Solféges qui suivent.

---

(1) On peut voir dans mon Traité Rationnel du Solfége pourquoi la gamme chromatique ne peut être juste qu'à la condition d'être exécutée par Dièses en montant et par Bémols en descendant.

(2) Le FA ♯ est plus facile à exécuter ici que le SOL ♭, on peut voir pourquoi dans le Traité Rationnel.

EMPLOI DES DEMI-TONS CHROMATIQUES.

DE LA MESURE A NEUF-HUIT.

La mesure à *Neuf-huit* est composée de neuf huitièmes de la *Ronde*, c'est-à-dire, *neuf croches*, qui représentent *trois Temps*, divisés chacun en trois parties égales.

Ces divisions sont les mêmes que celles de la mesure à *Six-huit*, c'est pourquoi nous croyons inutile de donner des exercices préparatoires sur cette mesure.

SOLFÉGES SUR LA MESURE A NEUF-HUIT.

DE LA MESURE A DOUZE-HUIT.

La mesure à *Douze-huit*, est composée de douze huitièmes de la *Ronde*, c'est-à-dire, *Douze croches*, qui représentent *Quatre Temps*, divisés chacun en trois parties égales.

Ces divisions sont les mêmes que celles de la mesure à *Neuf huit*; c'est pourquoi nous nous abstenons de donner des exercices préparatoires sur cette mesure.

EMPLOI DE LA MESURE A DOUZE-HUIT.

On apprendra la gamme du ton de **LA** majeur dans le tableau des gammes dièsées. Page 58.

ETUDES SUR LES INTONATIONS DE L'HARMONIE DE LA GAMME DE LA MAJEUR.

épellation.

SOLFÉGES EN LA MAJEUR.

cresc:

solo.

En DO majeur.

f

cresc:

f

En LA majeur.

p

solo.

cresc:

p

Allegro.

N° 53.

f

cresc:

p

cresc:

f

cresc:

GAMME DU TON DE FA ♯ MINEUR.(1)

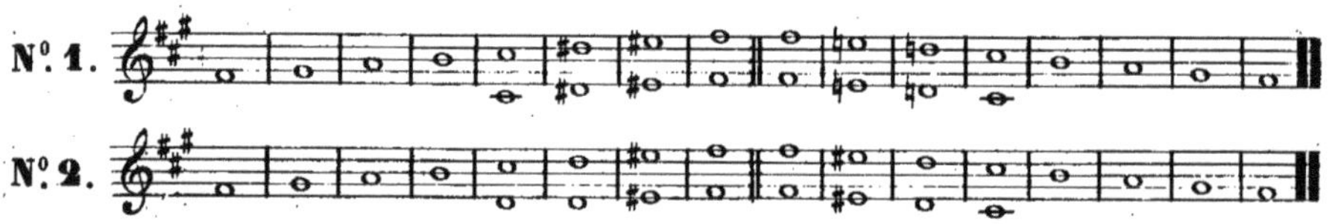

Nº 1.

Nº 2.

ETUDES SUR LES INTONATIONS DE L'HARMONIE DE CES DEUX GAMMES.

(1) Ce ton est très peu usité.

SOLFÉGES EN FA DIÈSE MINEUR.

On apprendra la gamme du ton de MI ♭ dans le tableau des gammes bémolisées . Page 36.

ETUDES SUR LES INTONATIONS DE L'HARMONIE DE LA GAMME DE MI ♭ MAJEUR.

SOLFÉGES EN MI BÉMOL.

diminuendo.
dolce.
Andante.
Nº 58.
mez:voce.
cresc:
mez:voce.
cresc:
dimin:
p
f

Gammes du ton de Do mineur.

N° 1.

N° 2.

Etudes sur les Intonations de l'harmonie de ces deux gammes.

SOLFÉGES EN DO MINEUR.

Andante.

N°60.

dolce. cresc: solo.

dolce. cresc:

mez: voce. dimin: cresc:

f dolce. cresc: f dimin:

Allegro moderato.

DU TRIOLET.

On nomme *Triolet*, ou *Trois-pour-deux*, la réunion de trois signes qui ont la même durée que deux signes de même figure .

Le *Triolet* est une *Unité* de temps *Ternaire* ou une fraction ternaire d'unité qui s'introduit dans des divisions *Binaires*, pour en changer le rhythme .

On le désigne ordinairement par un 3 .

EXEMPLES[1]

(1) Chaque Triolet doit être considéré comme les unités ternaires de temps des mesures à *six-huit*, *neuf-huit* et *douze-huit*.

DU SEXTOLET.

OU SIX-POUR-QUATRE.

Les trois croches qui composent le triolet peuvent se diviser en six doubles-croches qui forment un groupe *Sextaire*, de même valeur que ce triolet. Ce groupe se nomme *Six-pour-quatre* ou *Sextolet*.

L'emploi du *Triolet* et du *Sextolet* n'a d'autres but que de changer le rhythme d'une partie plus ou moins grande d'une mesure.

EXEMPLE.

On trouvera le complément de l'étude du Solfége dans mon TRAITÉ RATIONNEL; on verra à l'article des homonymes qu'il suffit de pouvoir solfier avec trois dièses et avec trois bémols à la clef, pour connaitre tous les autres tons.

FIN.

TABLE DES MATIÈRES

CONTENUES DANS CET OUVRAGE.

DU MÊME AUTEUR.

Nº 3. TRAITÉ RATIONNEL DU SOLFÈGE, en deux Parties.
Chaque Partie séparée .... 24f „
Les deux réunies .... 40f „
Nº 4. TRAITÉ DE LA TRANSPOSITION pour apprendre à lire sur toutes les Clefs .... 12f „
Nº 5. TRAITÉ SPÉCIAL D'HARMONIE, Théorie des accords et de leur enchainement .... 30f „
6. ETUDES MÉLODIQUES, Musique de Piano .... 6f „
12. ETUDES CLASSIQUES ET MÉLODIQUES sur l'art de phraser et de nuancer .... 15f „
3 ROMANCES SANS PAROLES .... 9f „

www.ingramcontent.com/pod-product-compliance
Ingram Content Group UK Ltd.
Pitfield, Milton Keynes, MK11 3LW, UK
UKHW020343180726
13839UKWH00002B/888